Peter Fassl

Gärten und Parkanlagen in Schwaben

Katalog zur Fotoausstellung der Heimatpflege des Bezirks Schwaben

Augsburg 2002

Wißner

Impressum

Bibliografische Information Der Deutschen Bibliothek
Die Deutsche Bibliothek verzeichnet diese Publikation in der Deutschen
Nationalbibliografie; detaillierte bibliografische Daten sind im Internet
über http://dnb.ddb.de abrufbar.

Impressum
Wanderausstellung der Heimatpflege des Bezirks Schwaben,
Augsburg 2002
Idee: Dr. Peter Fassl
Konzeption: Dr. Peter Fassl, Bettina Brühl M. A.
Text: Dr. Peter Fassl
Redaktion: Bettina Brühl M. A.
Bildtafeln der Ausstellung: büro ay, visuelle gestaltung gmbh, Augsburg

Buchlayout: Alfred Neff, Marc Grethen, Bernd Wißner
Buchredaktion: Michael Friedrichs
Druck: Joh. Walch, Augsburg

Wißner-Verlag 2002
ISBN 3-89639-359-6

Inhaltsverzeichnis

Vorwort	4-5
Die Preisträger	6-7
Kloster- und Pfarrgärten	8-11
Schloßgärten und historische Gartenanlagen	12-19
Parkanlagen	20-31
Alleen	32-35
Streuobstwiesen	36-39
Gärten auf dem Land	40-49
Gärten in der Stadt	50-53
Vom Schrebergarten zum Biergarten	54-57
Elemente der Gartengestaltung	58-63
Anmerkungen	64

Vorwort

Hinter allen Gartenvorstellungen, direkt bis in die frühe Neuzeit hinein, indirekt in jedem Schrebergarten erkennbar, steht das Urbild des Paradieses, des Garten Gottes, aus dem wir leider vertrieben wurden. Unsere Wünsche, Vorstellungen vom Guten, Schönen, Nützlichen, von Frieden und Ruhe, der Einheit mit der Natur, mit der göttlichen Schöpfung und vieles mehr drücken sich darin aus. Gärten sind von Menschen gestaltet, besitzen eine gestalterische Idee und eine klare Abgrenzung zur Umgebung, unterscheiden sich von der sich selbst überlassenen und sich wandelnden Natur. Selbst Parkanlagen, welche die natürliche Sukzession thematisieren, sind ein gestalterischer Entwurf. Zu allen Zeiten hat sich der Mensch im Gegenüber zur Natur verstanden und wahrgenommen. Insofern sind Gärten historische Abbilder des Menschlichen und zeugen wie Literatur und Kunst von seinen gestalterischen Vorstellungen und Fähigkeiten. Doch im Unterschied zu diesen ist das Arbeitsmaterial lebendig, es gedeiht und vergeht – Themen, die in der Nachkriegskunst bewußt aufgenommen wurden.

Die ältesten Gartenanlagen reichen in Schwaben bis in das 16. Jahrhundert zurück. Gestalterisch anspruchsvolle Anlagen, bei denen sich Architektur, Kunst, Garten- und Landschaftsgestaltung verbinden, waren bis ins 19. Jahrhundert der Kirche, dem Adel und den bürgerlichen Führungsschichten vorbehalten. Erst im 20. Jahrhundert wird die Gartenkunst zu einer Volksbewegung.

Die Dialektik von Natur und Mensch in der Gartenkunst drückt sich profan gesprochen in der Tatsache aus, daß Gärten und Parkanlagen bei entsprechenden Merkmalen sowohl vom Naturschutz, wie vom Denkmalschutz erfaßt werden. Für das kulturelle Profil einer Region haben sie die gleiche Bedeutung wie andere kulturgeschichtliche Denkmäler. Auf internationaler Ebene hat die Charta von Florenz (1981) den Denkmalrang historischer Gartenanlagen herausgearbeitet. Die heutige Wertschätzung der Gartenkunst in Deutschland drückt vielleicht am besten die Aufnahme des ab 1764 von Fürst Franz von Anhalt in Wörlitz angelegten Landschaftsparks und der Potsdamer Gartenlandschaft von Peter Josef Lenné (1842) in die UNESCO-Liste des Weltkulturerbes aus. Historische Gartenanlagen werden wie Baudenkmäler fachlich inventarisiert und gartenhistorisch untersucht. In Schwaben gibt es etwa 100 nach Art. 1 des Bayerischen Denkmalschutzgesetzes geschützte Garten- und Parkanlagen. Das Institut für Freiraumplanung (Professor Richter) an der Fachhochschule Weihenstephan hat 1983 mit der systematischen Inventarisierung historischer Park- und Gartenanlagen in Privatbesitz begonnen und die Berichte für die Landkreise Dillingen, Aichach-Friedberg, Augsburg, Günzburg, Neu-Ulm, Donau-Ries, Unterallgäu sowie für die Städte Memmingen und Augsburg vorgelegt. Eine Zusammenfassung der Forschungen konnte 1994 unter dem Titel „Historische Park- und Gartenanlagen in Schwaben" präsentiert werden. Hierzu kommen Einzelstudien und gartendenkmalpflegerische Untersuchungen zu einzelnen bedeutenden Anlagen, so daß Schwaben im bayerischen Vergleich relativ gut erforscht ist.

Seit 1988 lädt der Bezirk Schwaben zu fotografischen Erkundungen der Landschaft ein, die in Wanderausstellungen präsentiert werden. Zunächst zu den Dörfern, Märkten und der gefährdeten ländlichen Baukultur, dann der Kulturlandschaft und schließlich hier zu den Gärten und Parkanlagen. Nicht eine wissenschaftliche Bestandsaufnahme ist damit angesprochen, sondern der interessierte, liebevolle, emphatische, kritische, neugierige und natürlich subjektive Blick von uns allen, Laien wie Fachleuten.

Gartenlust, die Freude am Garten ist heute ein wesentlicher Teil der Freizeitkultur, sie bildet einen Ausgleich zu den Anforderungen und schnellen Wechseln der Berufs- und Arbeitswelt. Gartengestaltung ist heute vielleicht eine der letzten Möglichkeiten, sich sein Paradies frei zu schaffen: Vom faulen (fast) Nichtstun bis zum emsigen Gestalten und Formen. Diesen Freiraum sollte man sich durch niemanden einengen lassen. Vom liebevoll schmunzelnden und stolzen Blick auf das eigene Refugium bis zur fachkundigen Darstellung bedeutender Garten- und Parkanlagen reicht die Bandbreite der fotografischen Erkundungen. Die Lebendigkeit der Natur wird in der künstlerischen Gestaltung der Fotografie auf den Punkt gebracht: Licht, Farbe, Ausschnitt, Schärfe. Im natürlichen Kreislauf der Jahreszeiten wird ein Augenblick festgehalten. Den Reiz der Ausstellung machen die vielen Sichtweisen aus, die ganz unterschiedliche Zugänge zum Thema eröffnen:

Schwaben ein Gartenland – eine schöne Perspektive

Mein besonderer Dank gilt allen Teilnehmerinnen und Teilnehmern an dem Fotowettbewerb, durch deren Arbeit Ausstellung und Katalog ermöglicht wurden, meiner Mitarbeiterin Frau Bettina Brühl M. A. und dem Wißner-Verlag für die sorgfältige Gestaltung des Kataloges.

Gärten und Parkanlagen in Schwaben

Die Gartenkultur in Schwaben hat eine reiche Geschichte und eine blühende Gegenwart: vom Idealplan des Klosters St. Gallen (um 800) mit seinen detaillierten Beschreibungen von drei Gärten bis zu dem größten deutschen Pflanzenkonzern, der in Rain am Lech ansässigen Firma Dehner (gegr. 1947) mit über 80 Gartencentern in Deutschland und Österreich. Die Gartenlust hat sich in den letzten 20 Jahren sprunghaft entwickelt, der Gartenbau ist heute mit 13.500 Betrieben, 8.000 ha Anbaufläche und einem Umsatz von 17,5 Mrd. DM (2001) ein leistungsfähiger Wirtschaftszweig in Deutschland. In Kaufhäusern und Buchgeschäften nehmen die Gartenabteilungen einen wachsenden Umfang an. Der Tag des offenen Gartens, die Präsentation privater Gärten, wird von tausenden von Gartenfreunden begeistert angenommen, historische Gartenanlagen werden rekonstruiert, neue Kulturparks angelegt, das eigene Grün mit Liebe gepflegt. Der Besucheransturm zur Landesgartenschau im Jahre 2000 in Memmingen hat alle Hoffnungen überstiegen. Wird Deutschland nach England, dem Mutterland der neueren Gartenkultur, ein Land der Gärtner? Zu wünschen wäre es.

Die historische Entwicklung der Gartenkultur über den Klostergarten, der geometrische Anlage der Renaissance- und Barockzeit, den englischen Landschaftsparks bis zu den Gartenstädten und formalen Gärten des 20. Jahrhunderts ist in Schwaben eindrucksvoll dokumentiert. Die individuelle Vielfalt der Gartengestaltung ist heute nahezu unbegrenzt. Fremdes und Heimisches bei Pflanzgut und Anlage sind zu erkennen.

Der Wunsch nach einem eigenen Stück Land ist ungebrochen. Der Radi aus dem heimischen Garten, die Johannesbeermarmelade oder der Zwetschgendatschi schmecken unvergleichbar. Welcher gekaufte Blumenstrauß kann mit einem alten Rosenstock konkurrieren?

Lebensqualität wird gesucht und gefunden, sei es in der Ruhe, Muße oder beim Werkeln im Garten. Entscheidend ist aber wohl, daß man sich für kurze Zeit dem Rhythmus der Natur überläßt, ihren Reichtum und ihre Schönheit wahrnimmt. Gartenkultur ist eine Form des Menschseins, gestalten und beschenkt werden zugleich.

Fotowettbewerb und Ausstellung

Im Jahr 2000 schrieb der Bezirk Schwaben unter dem Titel „Gärten und Parkanlagen in Schwaben" einen Fotowettbewerb mit dem Ziel aus, die „Vielfältigkeit der schwäbischen Garten- und Parkkultur" darzustellen. Es wurde auf Kloster-, Schloß-, Stadt-, Pfarr- und Bauerngärten, aber auch auf städtische und ländliche Landschaftsgestaltung hingewiesen. Seit 1988 ist dies der fünfte Fotowettbewerb zur Erkundung der Kulturlandschaft.

Die Resonanz war überwältigend. Bis Ende Dezember 2001 wurden von 197 Teilnehmern 1247 Fotos eingesandt.

Am 14. März 2002 entschied die Jury, der Frau Professor Charlotte Gailhofer, Bezirkstagsvizepräsident Paul Kling, Egon Kunz, Andreas Seebald und Dr. Peter Fassl (Vorsitz) angehörten, über die fünf Preise und gab Empfehlungen für den Ankauf von etwa 150 Fotos.

Die Vielfalt der von den Teilnehmern dargestellten Themen ermöglichte die Gestaltung einer Ausstellung, die sich in folgende Abteilungen gliedert:

- Klostergärten und Pfarrgärten
- Schloßgärten und historische Gartenanlagen
- Parkanlagen
- Alleen
- Streuobstwiesen
- Gärten auf dem Land
- Gärten in der Stadt
- Vom Schrebergarten zum Biergarten
- Elemente der Gartengestaltung

Die einzelnen Gärten werden kurz fachlich und gartengeschichtlich erläutert, Einführungen zu den einzelnen Sequenzen geben einen Überblick zu der Gartengeschichte und Gartenkultur Schwabens. Ziel von Ausstellung und Katalog ist es, historische Entwicklungslinien sowie die Vielfalt der heutigen Gartenkultur in Schwaben darzustellen und Anregungen für die Gestaltung zu geben.

Die Preisträger

1. Preis: Die Parkanlage der Universität Augsburg
Martha Mikes, Friedberg

In bestechender fotografischer und kompositorischer Qualität zeigt sich eine vermeintlich alte, gut eingewachsene städtische Parkanlage in einer pflanzlich und gestalterisch differenzierten Fülle. Licht und Schatten modellieren Bäume und Sträucher, Braun- und Grüntöne und die belebte Ruhe des Wassers. Hier bleibt man gerne.

3. Preis: Streuobstwiese Nähe Bayersried, Lkr. Ostallgäu
Gabriele Fleschhut, Kaufbeuren

Für das Land eigentlich etwas ganz Alltägliches: eine Streuobstwiese. Doch allzu häufig gibt es sie nicht mehr, sonst würde ihre Pflege nicht staatlich gefördert werden. Hinter den Bauernhäusern, am Rand der Dörfer, bildet sie eine gelungene Dorfeingrünung und bietet vielen Tieren einen Lebensraum. Für die Ernährung war sie unentbehrlich. Ganz selbstverständlich präsentiert sie sich und ist in ihrer Einfachheit nicht zu übertreffen.

2. Preis: Alter Bauerngarten mit Schindelhaus bei Waltenhofen/Kuhnen, Lkr. Oberallgäu
Harald Farkaschovsky, Ottobeuren

Eine üppige Pracht bestimmt das Bild. Sonnenblumen, Calendula, Dahlien, Sonnenhut, Geranien, Tomaten, Lauch, Kohlrabi, Salat und vieles andere mehr umrahmen das bewachsene Holzhaus, das selbst zum Teil des Gartens wird. Der Bauerngarten wird als barock anmutende Pracht geschildert, mit ganz einfachen und alltäglichen Pflanzen.

2. Preis: Franziskaner-Zentrum Augsburg
Annette Bartusch-Goger, Neusäß

Mitten im Betrieb der MAN hat sich eine kleine Idylle erhalten. Die ehemalige Pestkapelle St. Sebastian, heute ein Franziskaner-Zentrum, besitzt einen leicht verwilderten, üppigen Klostergarten. Ruhe, Erholung und etwas für die Speisekarte kann man hier finden. Ihre gestalterische Qualität gewinnen Fabrik und Garten nur miteinander.

3. Preis: Schrebergarten im Herbst bei Gundelfingen
Michael Stark, Gundelfingen

Das ganz unauffällige Bildmotiv mit präzise herausgearbeiteter Herbststimmung lebt von den Gegensätzen. Scharf im Vordergrund das Gemüsebeet mit Rosenkohl, verschwimmend im Nebel die bescheidenen Holzhäuschen. Ein Nutzgarten mit den letzten Herbst- und Winterpflanzen, an dem schon wieder die Vorbereitungen für das Frühjahr getroffen werden. Ein stimmungsvolles Bild von hoher fotografischer Qualität.

Kloster- und Pfarrgärten

Am Beginn der mittelalterlichen Gartenkultur stehen zwei schwäbische Zeugnisse, die über Jahrhunderte den Gartenbau geprägt haben. Der um 800 entstandene Klosterplan von St. Gallen und das Gartenbüchlein (Hortulus) des Reichenauer Mönchs Walahfrid Strabo um 838, das dem kaiserlichen Hofkaplan Grimald mit folgenden Worten gewidmet war: „Wenn du einmal verweilst im Geheg deines grünenden Gartens, unter dem laubreichen Wipfel der schattigen Obstbäume sitzend ..., dann, mein gütiger Vater, gedenke unserer Arbeit."[1] Beide Zeugnisse stehen im Zusammenhang mit der Krongüterverordnung Karls des Großen und deren Pflanzenliste. Der Idealplan des Klosters St. Gallen bildet das Bindeglied zwischen den klassischen Texten des Altertums und der Entwicklung der Klostergärten. Er kennt drei Gärten: den Küchengarten, in dem Gemüse und aromatische Kräuter in 18 kleinen Beeten angepflanzt werden (u. a. Zwiebel, Porree, Sellerie, Rettich, Mangold, Koriander, Dill, Knoblauch, Petersilie, Kerbel, Lattich, Kresse, Pastinak, Kohl und Fenchel), den Obst- und Baumgarten (Apfel, Birne, Pflaume, Spierling, Mispel, Lorbeer, Eßkastanie, Feige, Quitte, Pfirsich, Haselnuß, Mandel, Maulbeere, Walnuß), der in 13 Areale eingeteilt und mit dem Friedhof verbunden ist, und den Heilkräutergarten, in dem man u. a. Bohnenkraut, Frauenminze, Rosmarin, Salbei, Weinraute, Brunnenkresse, Kümmel, Liebstöckel und Fenchel zieht. Man findet aber auch Blumen wie Rosen, Lilien, die symbolisch für Reinheit, Tugendsamkeit, Glaubenstreue und Blutzeugenschaft in der kirchlichen Ikonographie stehen, und Gladiolen.

Die Gartenfunktionen Nutzen, Heilen, Zierde finden sich über die Jahrhunderte bis in die Gegenwart vom Klostergarten über die Pfarr- und Bauerngärten bis zu den Bürgergärten in der Stadt. Die Pflanzenarten, die Anlage der Gärten und sogar die Einfriedungen durch Hecken wurden über die klösterliche Tradition vermittelt und über die im 16. Jahrhundert einsetzende Gartenbauliteratur zum allgemeinen Bildungsgut.

Garten im Bereich des ehemaligen Benediktinerklosters St. Mang, Füssen
Richard Wismath, Füssen

Pfarrhofgarten in Winzer bei Krumbach
Alois Bäuchl, Günzburg

Kreuzgang des Klosters Maria Stern in Augsburg
Erika Utzerath, Augsburg

Ehemalige Kartause Buxheim, Zellenhäuschen mit ummauertem Gärtchen
Thea Halder, Buxheim

Kloster Maria Stern, Augsburg

Das 1250 als Beginenkloster gegründete Franziskanerinnenkloster Maria Stern (seit 1317), unterhalb des Rathauses, wurde 1944 weitgehend zerstört und in den Nachkriegsjahren wieder aufgebaut. Der Innenhof ist mit Blumen, Stauden, Gehölzen, einer Rasenfläche und einer Franziskus-Statue liebevoll gestaltet.

Kartause Buxheim

Die ehemalige Reichskartause Buxheim, gegr. 1402, stammt in ihrer heutigen Gestalt aus dem ausgehenden 17. und 18. Jahrhundert. Nach der Säkularisation gelangte sie über die Grafen von Waldbott-Bassenheim 1926 an die Salesianer. Der 1974 gegründete Heimatdienst Buxheim betreut ein kleines Kartausenmuseum. Jeder Kartäuser bewohnte ein Zellenhäuschen, zu dem ein ummauertes Gärtchen gehörte. 1994 hat der Heimatdienst ein Gärtchen rekonstruiert.

Klostergarten Oberschönenfeld

Traditioneller Bestandteil der Abtei Oberschönenfeld ist wie bei jedem Kloster ein Garten mit Nutz-, Heil- und Zierpflanzen. Da der Klostergarten der Zisterzienserinnenabtei für die Öffentlichkeit nicht zugänglich ist, legte das Volkskundemuseum einen kleinen Mustergarten nach dem Vorbild des Klosters St. Gallen an. Entsprechend der historischen Nutzung durch den Menschen werden die von einer Buchsbaumhecke umsäumten Beete in Staudengewächse, Heilkräuter, Gemüse- und Gewürzpflanzen unterteilt. Die Spalierbäume entlang der Klostermauer und die übrigen Obstbäume im Museumsgelände tragen alte, heimische Apfel- und Birnensorten. Der Museumsgarten wurde 1996 im Rahmen der Gestaltung der Außenanlagen nach Vorbild eines historischen Klostergartens in verkleinerter Form von der Firma Leo Knappich in Marktoberdorf eingerichtet. Er dokumentiert als Schaugarten historische Pflanzenarten sowie Gewürze, Kräuter, Heilkräuter, Blumen und Gemüse.

Ehemaliger Pfarrhof in Ruppertszell/Schiltberg, Lkr. Aichach-Friedberg
Wolfgang Sellmeier, Aichach

Klostergarten Oberschönenfeld
Hermann Distler, Wehringen

Klostergarten Oberschönenfeld
Hans Boehlke, Mittelneufnach

Pfarrhof von Oberauerbach/ Mindelheim

Die Gebäudegruppe mit der im Kern spätgotischen Pfarrkirche St. Mauritius, dem 1712 errichteten Pfarrhaus und dem Pfarrstadel bildet ein eindrucksvolles und idyllisch anmutendes Pfarrei-Ensemble.

Im Pfarrhof von Oberauerbach/Mindelheim (1-3)
Luis Schmid, Mindelheim

Kloster- und Pfarrgärten 11

Schloßgärten und historische Gartenanlagen

Über das genaue Aussehen der spätmittelalterlichen Gärten in Schwaben sind nur spärliche Nachrichten vorhanden. Erst in der Renaissancezeit zeigen dann Fresken, Tafelbilder und Holzschnitte von Schlössern, Klöstern und Städten die planmäßige Anlage von Gärten.[1] Nach der ältesten Planansicht von Jörg Seld (1521) war die Reichsstadt eine überwiegend grüne Stadt. Narziß Renner zeigt uns 1521 die gehobene Augsburger Gesellschaft bei einem Gartenfest. Der Blick des Betrachters zieht von sorgfältig gezirkelten kleinen Beeten und den Brunnen in die gestaltete freie Landschaft. Zum Lebensgefühl der Oberschicht gehörte der Garten, den man mit hohem Aufwand ausgestaltete. Berühmt war der Garten des Augsburger Patriziers Ambrosius Hoechstetter (1463-1534). Raimund Fuggers Garten am Weinmarkt hatte alles, was Italien an Gewächsen hervorbringt, Hans Fugger ließ sich gleich nach der Fertigstellung von Schloß Kirchheim 1584/86 einen Baum-, Blumen- und Kräutergarten in geometrischen Formen anlegen und beschäftigte einen französischen Gärtner.[2] Zum Mittler italienischer Gartenbaukunst wurde Joseph von Furttenbach[3] mit seinem Werk „Architectura recreationis". Im 18. Jahrhundert bringt der Verleger Martin Engelbrecht[4] eine „Augsburgische Gartenlust" heraus, zahlreiche weitere Gartenwerke aus Augsburger Druckwerkstätten und von Augsburger Stechern sind belegt.

Ein neues Erlebnis der Natur zeigt der aus England kommende Landschaftsgarten, in dem die entdeckten natürlichen Schönheiten der Natur zur Geltung kommen sollen.

Eine schwäbische Besonderheit bilden dann im 19. Jahrhundert die herrschaftlichen Landschaftsparks am Bodensee.[5] Die Verbindung von formalen („barocken") und landschaftlichen Gartenelementen zeigt schließlich die Gartenreformbewegung des 20. Jahrhunderts, für die Schwaben mit dem Gut Schwaighof ein eindrucksvolles Beispiel besitzt.[6]

In den letzten Jahren ist man mit bemerkenswerten Erfolgen daran gegangen, die gartengestalterischen Grundideen historischer Parkanlagen (Lindenhofvilla, Gut Schwaighof), die nach dem Bayerischen Denkmalschutz Baudenkmalen gleichgestellt sind, zu rekonstruieren.

Kurhaustheater Göggingen
Franz Straub, Augsburg

Kurhaustheater Göggingen

Das 1886 von Jean Keller errichtete Kurhaustheater Göggingen wurde nach einer bemerkenswerten Sanierung und Rekonstruktion 1996 wiedereröffnet. Die Planungen für die neue Parkanlage stammen von dem Aichacher Landschaftsarchitekten Hans Brugger.

Hofgarten Augsburg
Karl Fieger, Schwabmünchen

Hofgarten Augsburg (1-2)
Manfred Leckel, Augsburg

Hofgarten Augsburg

Die ehemals zur bischöflichen Residenz in Augsburg gehörende Gartenanlage wurde 1739/40 angelegt. Die Pfeilerfiguren stammen von dem Augsburger Steinmetz Johann Wolfgang Schindel (1744/45), die fünf noch erhaltenen Zwerge (um 1720) gehen auf eine graphische Vorlage von Martin Engelbrecht (1694 – 1756) zurück. Der ruhig gelegene Park wird von den Anwohnern und den Beschäftigten der umliegenden Behörden gerne zu einer Ruhepause genutzt.

Schloßgärten

Parkanlage Schloßgut Hardt
Inge Bauer, Großaitingen

Parkanlage Schloßgut Hardt, Lkr. Augsburg
Roland Bauer, Großaitingen

Parkanlage Schloßgut Hardt
Stefan Bauer, Großaitingen

Schloßpark Scherneck

1820 erwarb der Augsburger Bankier Johann Lorenz Freiherr von Schaezler (1762 – 1826) das Schloßgut Scherneck. Die Gebäude und der Landschaftspark stammen aus dem 19. Jahrhundert.

Schloßpark Scherneck
Otto Teubner, Gablingen

Schloßpark Babenhausen (1-2)
Uwe Bernard, Augsburg

Schloßpark Babenhausen

Südlich des Schloßbezirks, an den spitzgieblige Rechbergbau anschließend, befindet sich ein ausgedehnter Park. Der westliche Teil mit Hainbuchengang wurde im französischen Stil angelegt, der östliche im 19. Jahrhundert zu einem Naturpark umgestaltet.

Schloßgärten

Gut Schwaighof, Springbrunnen und Flötenspieler
Edith Hanus, Augsburg

Gut Schwaighof, Skulpturen (Sommer und Herbst)
Elisabeth Distler, Wehringen

Gut Schwaighof, Birkenallee
Edith Hanus, Augsburg

Gut Schwaighof, Hirschwiese
Edith Hanus, Augsburg

16 Schloßgärten

Gut Schwaighof, Allmannshofen
Friedrich Stettmayer, Lauterbrunn

Gut Schwaighof, Laubengang
Elisabeth Distler, Wehringen

Gut Schwaighof, Laubengang
Birgit Scheiba, Augsburg

Gut Schwaighof, Skulpturen (Landleben) (1-3)
Hermann Distler, Wehringen

Die Parkanlage von Gut Schwaighof

Gut Schwaighof, der ehemalige Gutshof von Kloster Holzen, wurde 1918 von dem Fabrikanten Carl Billand erworben, der 1924 ein neubarockes Herrenhaus errichtete. Harry Maasz (1880 – 1946), der Lübecker Gartenarchitekt und Gartenreformer, gestaltete die Parkanlage in den Jahren 1925 – 1928. Gartenplastiken und Pflanzen wurden von der Dresdner Gartenbauausstellung 1926 angekauft. Die Anlage des Parkes, der seit 1994 restauriert wird, verbindet Elemente des formalen und des landschaftlichen Gartens und öffnet sich ganz unbefangen den Nutzungswünschen des Eigentümers.

„Eine übermannshohe Ziegelmauer umfriedet das geräumige Areal samt neubarockem Herrenhaus, Ökonomiegebäuden und Gärtnerei. Die einem klaren Ordnungsprinzip gehorchenden, achsial auf das Herrenhaus mit Satteldach und Schweifgiebeln oder auf Pavillons bezogenen Wege führen durch Rosengarten und Laubengang zu Wasserbecken und Brunnen. Daneben verlocken gewundene Pfade zu Spaziergängen durch Waldstücke und Wiesen; sie erschließen weitere Parkteile, wie Tennisplatz, Schwimm- und Sonnenbad oder die Familiengrabstätte. Im gesamten Park, vor allem aber von der Terrasse und dem weiten Parterre des Herrenhauses aus fallen die spielerisch wirkenden Plastiken ins Auge. Vier von ihnen stellen in allegorischer Weise die Jahreszeiten und die Bereiche der Land- und Forstwirtschaft dar".[7]

Schloßgärten

Schloßpark Hohenaltheim

Die barocke Gartenanlage der Sommerresidenz der Fürsten von Oettingen-Wallerstein[8] wird 1741 erstmals erwähnt. 1805 wurde außerhalb der barocken Anlage ein englischer Landschaftsgarten angelegt.

Schloßpark Hohenaltheim (1-3), Lkr. Donau/Ries
Marga Graf, Forheim

Hof in den Fuggerhäusern, Augsburg

Jakob Fugger erwarb zwischen 1512 und 1523 mehrere Häuser am Weinmarkt (heute: Maximilianstraße 36/38) und vereinigte sie zu einem prachtvollen Renaissancepalast. Typisch für die Augsburger Stadtpaläste sind die begrünten Innenhöfe, hier ist der Durchgang vom Zeugplatz zur Maximilianstraße zu sehen.

Hof der Fuggerhäuser
Werner Pohl, Augsburg

Fürstabtei Kempten

Die schloßartige Klosteranlage der Fürstabtei Kempten wurde 1651 – 1668 errichtet.
Den nördlichen Abschluß des terrassenförmig angelegten Hofgartens bildet die Orangerie (um 1780).

Fürstabtei Kempten,
Hofgarten
Erika Utzerath, Augsburg

Fürstabtei Kempten, Orangerie (1-2)
Erika Utzerath, Augsburg

Parkanlagen

Öffentliche Parkanlagen sind eine Entwicklung des 19. Jahrhunderts. Die Anfänge liegen in der Öffnung und dem Neubau der königlichen Gartenanlagen für das Volk (Paris, London, München: Englischer Garten, 1789). Das Wachstum der Städte im 19. Jahrhundert im Zuge der Industrialisierung führte zu dem Verlust von innerstädtischen und am Rand der Städte gelegenen Gartengütern durch Nachverdichtung und die Entstehung von Vorstädten. Spätestens ab der Jahrhundertmitte zeigte sich das Bedürfnis nach fußläufig erreichbaren Erholungs- und Ruheflächen im Nahbereich der Städte. Unter dem Begriff Stadtverschönerung widmeten sich Gemeinden und bürgerliche Vereine der Anlage von Alleen, Promenaden, Stadt- und Volksparks. Erholung, Ruhe, Naturgenuß, Spiel und Freizeit werden die wichtigsten Funktionen der Parkanlagen im englischen Stil. Sie werden getragen von einem bürgerlichen Selbstbewußtsein und Stolz, die einerseits die engen Mauern der Stadt überwinden und neu gestalten (grüne Ringstraßen), andererseits ein Zeichen der Hoffnung gegen soziale Probleme setzen wollen. In den Benennungen der Anlagen kommt vielfach patriotisch-nationale Begeisterung zum Ausdruck.

Eine besondere Art städtischer Grünanlagen bilden die Friedhöfe, die ab dem Ende des 19. Jahrhunderts, beginnend mit dem Ohlsdorfer Friedhof in Hamburg, als Parkanlagen und Haine großflächig angelegt werden. Auch die in dieser Abteilung vorgestellten älteren Friedhöfe von Augsburg werden begrünt. Der jüdische Friedhof von Ichenhausen wird heute nicht mehr belegt.

Parkanlagen in der Stadt und im Nahbereich bilden heute mit das wichtigste Element für die Aufenthalts- und Lebensqualität der Bevölkerung.

Luitpoldhain Lauingen/Donau
Johann Maj, Lauingen

Luitpoldpark Schwabmünchen
Walter Reichelt, Schwabmünchen

Luitpoldpark Schwabmünchen

Bereits 1875 mit der Gründung des Verschönerungsvereins beginnen im Sumpfgelände westlich der Singold die Planungen für eine Parkanlage, die 1893 in patriotisch-nationaler Begeisterung „Luitpoldhain" genannt wird. In der Folgezeit wird der Park kontinuierlich erweitert, ein Bachlauf angelegt und ein Landschaftspark errichtet.

Parkanlage der Universität Augsburg

Zeitgleich mit den neuen Universitätsgebäuden am Alten Postweg wurde von 1974 bis 2000 der Landschaftspark von den Landschaftsarchitekten Gottfried und Anton Hansjakob geplant.[1] Schon nach wenigen Jahren ist die Anlage gut eingewachsen und über die Universität hinaus ein Erholungspark für das ganze Viertel geworden. Das Kernstück der Anlage bilden die beiden durch einen Bach verbundenen Seen mit Brücken, umgeben von Hügeln, geschlungenen Wegen, Bäumen und Büschen. Als markante Struktur wurde die 6 m hohe Hangkante zwischen ehemaliger Flußaue und Lech/Wertach Terrasse freigehalten.

Parkanlage der Universität Augsburg
Martha Mikes, Friedberg

Bastion Lueginsland Augsburg

Die Bastion Lueginsland bildet die nordöstliche Befestigungsanlage der alten Reichsstadt und wurde seit dem Mittelalter immer wieder ausgebaut. Eine fast verborgene Oase der Ruhe am Rande der Altstadt.

Bastion Lueginsland
Annette Bartusch-Goger, Neusäß

Am Oberen Graben

Oberer, Mittlerer und Unterer Graben sind seit dem Mittelalter die historischen Bezeichnungen der Stadtgräben. An deren Böschungen entstanden Häuserreihen mit kleinen Gärten.

Am Oberen Graben, Augsburg
Werner Pohl, Augsburg

Oblatterwall Augsburg

Der Oblatterwall an der Nordostecke der Jakobervorstadt wurde 1625 durch Elias Holl neu gestaltet. Die Kahnfahrt, das beliebte Ausflugslokal, war Teil eines Kanalhafenprojekts von Karl Albert Gollwitzer um 1900. Mit dem Ruderboot kann man die Anlage erkunden.

Oblatterwall Augsburg
Horst Denzinger, Mering

Kräutergärtlein Augsburg

Das vor der Stadtmauer in den Rote-Tor-Wall-Anlagen gelegene Gartengrundstück des Hl. Geist-Spitals wurde auf Anregung des damaligen Leiters des Gartenbauamtes Kurt R. Schmidt als Augsburger Kräutergärtlein neu konzipiert.[2] In einer geometrischen Anlage mit 28 buchsgesäumten Beeten (Rondell, Quadrat) werden Heilpflanzen, Gewürz- und Küchenkräuter zum „Beschnuppern" präsentiert. Die ca. 1.800 m² große Anlage liegt fast verborgen zwischen Stadtmauer und Wallanlagen und gehört zu den Kleinodien der Stadt. 1983 wurde der Garten der Öffentlichkeit übergeben.

Kräutergärtlein Augsburg
Alois Bäuchl, Günzburg

Kuhsee Augsburg

Die ursprünglichen Altwasser des Lechs am Hochablaß wurden 1970/72 zu einem Naherholungsgelände mit einem 19 ha großen künstlichen Seebecken umgestaltet. Er ist heute der beliebteste Badesee Augsburgs.

Spätherbst am Kuhsee
Manfred Leckel, Augsburg

Siebentischpark Augsburg
Horst Denzinger, Mering

Siebentischpark Augsburg

Der Landschaftspark der Siebentischanlagen in Augsburg geht zurück auf Planungen von Carl von Effner (1872), der in den folgenden Jahrzehnten ausgebaut und erweitert wurde. Durch eine Stiftung von Edmund von Schaezler wurde 1908 eine Brunnenanlage errichtet. Mit angrenzendem Tierpark und Botanischem Garten ist der Park die meist besuchte Freizeit- und Erholungsanlage Augsburgs.

Siebentischpark Augsburg
Rudolf Böck, Augsburg

Parkanlagen

Wittelsbacher Park
Augsburg (1-3)
*Friedrich Stettmayer,
Lauterbrunn*

Wittelsbacher Park Augsburg

Nach der schwäbischen Kreisausstellung von 1886 wurde der umliegende Stadtgarten erweitert und trägt seit 1906 den Namen Wittelsbacher Park – eine heute zentrumsnah gelegene Freizeit- und Erholungsanlage.

Stadtpark Augsburg-Göggingen (1-2)
Erika Sattler, Augsburg

Park der Diakonissenanstalt Augsburg

Mitten in der Stadt, in unmittelbarer Nähe des Bahnhofs, liegt der Park der 1855 gegründeten Diakonissenanstalt – ein Idyll im Verkehrslärm, das zum Verweilen einlädt.

Park der Evang. Diakonissenanstalt
Marta Gomis-Klas, Stadtbergen

Parkanlagen

Botanischer Garten Augsburg

Die Anfänge des Botanischen Gartens Augsburg[3] liegen in der 1936 bei den Siebentischanlagen neu errichteten Stadtgärtnerei. Nach dem 2. Weltkrieg wurde der Botanische Garten 1950 wiedereröffnet (1,7 ha) und in den folgenden Jahren kontinuierlich erweitert. Durch die Landesgartenschau 1985 erfolgte eine weitgehende Neugestaltung und erhebliche Erweiterung auf 10 ha. Besondere Anziehungspunkte bilden der Japangarten, der Apothekergarten, der Bauerngarten und die Rosenanlagen.

Botanischer Garten Augsburg (1-2)
Günter Bastian, Augsburg

Im Rahmen der Neugestaltung des Botanischen Gartens Augsburg durch die Landesgartenschau (1985) wurde 1984 der Japangarten durch japanische Landschaftsarchitekten und Gärtner errichtet. Augsburg verbindet seit 1959 mit den Städten Amagasaki und Nagahama eine Städtepartnerschaft. Die über 4.200 m² große Anlage wurde mit ca. 400 t Granitsteinen aus dem Fichtelgebirge, mit Wegen, Pavillons, Wasserfall, Gehölzen und Stauden aus Europa und Japan zu einer inzwischen europaweit bekannten Sehenswürdigkeit gestaltet.

Botanischer Garten Augsburg
Rudolf Böck, Augsburg

Botanischer Garten Augsburg
Franz Koppmaier, Dillingen

Botanischer Garten Augsburg
(1–2)
*Michael Stark,
Gundelfingen*

Parkanlagen 27

Kurpark Heilbad Krumbach

Die Anfänge des Heilbads Krumbad gehen bis auf das hohe Mittelalter zurück, seit 1418 war es im Besitz des Reichsstifts Ursberg, erstmals namentlich erwähnt wurde es 1470. Nach der Säkularisation gelangte es über Privatbesitz 1891 an die Ursberger Schwesternkongregation, die 1892 die Kneipp'sche Wasserkur einführte. Die Parkanlage ist geprägt durch einen Waldpark (1812), Alleen und gärtnerisch gepflegte Kuranlagen bei den Gebäuden.

Heilbad Krumbad (1-3)
Manfred Heinrich, Bibertal

Volkspark Neu-Ulm

Nachdem 1802 das rechte Donau-Ufer an Bayern fiel, wurde Neu-Ulm 1811 eine selbständige Gemeinde. Von 1844 bis 1857 wurden hier umfangreiche Festungsanlagen des deutschen Bundes errichtet. Im Südosten wurde die Festung seit 1906 völlig abgetragen und die Glacis, das freie Feld vor der Festung, ab 1919 in Parkanlagen umgewandelt. Die erste gemeinsame Landesgartenschau von Baden-Württemberg und Bayern 1980 gestaltete die Glacisanlagen neu.

Volkspark Neu-Ulm
Adalbert Marz, Neu-Ulm

Volkspark Neu-Ulm
Manfred Heinrich, Bibertal

Kurpark Bad Wörishofen
Petra Cleff, Bad Wörishofen

Kurpark Bad Wörishofen

Im Zuge der Entwicklung der Badekur von Sebastian Kneipp (1821 – 1897) wurde 1889 ein Verschönerungsverein gegründet, der 1894 mit der Anlage eines Parks auf den Lehmfeldern der ehemaligen Ziegelei begann. 1902/03 wurde der Kurpark im englischen Stil erweitert, der bis heute kontinuierlich ausgebaut wird. Kneipps Konzept vom naturgemäßen Leben unter Berücksichtigung der Heilkräfte von Wasser und Pflanzen, verbunden mit einer Ernährungslehre und Bewegungstherapie, macht den Kurpark zum Mittelpunkt des Kneipp'schen Kurwesens.

Die Ausstattung für den ersten Landschaftspark, den alten Teil des Kurparks, stiftete Erzherzog Franz Josef, der sich häufig als Kurgast in Bad Wörishofen aufhielt. Seit 1958 plant, betreut und gestaltet der Landschaftsarchitekt Heinz Bühler die Parkanlagen. Durch ständige Zukäufe wurde der Kurpark ab den 1960er Jahren erweitert. Ab 1971 entstanden ein Rosarium, initiiert durch die Benennung einer Rose des Züchters Tantau nach Bad Wörishofen, ein Duft- und Aromagarten (1999), der Fuchsgarten (1999), benannt nach dem aus Wemding stammenden Botaniker Leonhart Fuchs (1501 – 1566), dann der Kneipp-Kräutergarten und der Walahfrid-Strabo-Garten (1999/2000).

Parallel dazu errichtete man Wanderwege in den nahegelegenen Wald, die Durchgrünung der Stadt wurde fortgeführt und der Ostpark bei der Umgehungsstraße angelegt. Von der Stadt werden ca. 63 ha Park- und Grünanlagen und 240 ha Spazierwege betreut. Die Park- und Kurstadt Bad Wörishofen kann als vorbildlich in ihrer Grüngestaltung gelten.

Der Westfriedhof

Der Westfriedhof in Pfersee (1910 eingemeindet nach Augsburg) wurde 1890 errichtet.

Der jüdische Friedhof

Der jüdische Friedhof von Ichenhausen wird erstmals 1567 erwähnt. Er umfaßt etwa 2000 Grabsteine, die ältesten stammen aus dem 18. Jahrhundert. Den jüdischen Friedhöfen in Schwaben ist eine eigene Fotoausstellung gewidmet.

Westfriedhof Augsburg
Erika Utzerath, Augsburg

Judenfriedhof Ichenhausen
Antonie Fisches, Ottobeuren

Friedhof an der Hermannstraße

Als erster Friedhof außerhalb der Stadt entstand 1650 der katholische Friedhof vor dem Gögginger Tor

Friedhof an der Hermannstraße, Augsburg
Geni Markert, Schwabsoien

Friedhof an der Hermannstraße, Augsburg
Erika Utzerath, Augsburg

Alleen

Alleen sind selten geworden in Schwaben. Zu Landhäusern, Schlössern, Wallfahrtskirchen, später Gutshöfen, aber auch Bahnhöfen und sogar Industrieanlagen (Glaspalast in Augsburg) bildeten sie den standesgemäßen, repräsentativen und stolzen Zugang. Niedergelegte Wallanlagen wurden mit Alleen verschönert. Ab dem 18. Jahrhundert wurden entlang der größeren Straßen Obstbaumalleen angelegt, die bis auf wenige Reste der Verkehrsentwicklung seit den 1950er Jahren wieder weichen mußten. Nur so abgelegene Regionen wie Teile von Mecklenburg-Vorpommern konnten ihre Bestände erhalten, die heute mit Bewunderung besichtigt werden.

Doch Alleen gibt es auch in Bayerisch-Schwaben noch zu entdecken: in Wellenburg, Welden, Marktoberdorf, am Schloßpark Illerfeld bei Memmingen, in Oberndorf bei Rain, am Bodensee bei der Lindenhofvilla oder hier in unserer Ausstellung in Donauwörth, Rauhenzell, Ellgau und Kirchheim. Die meisten dieser Alleen stehen unter Denkmal- oder Naturschutz.

Alleen erhöhen die Landschaft, präsentieren ein Gebäude, durchgrünen die Stadt und heben einen Verkehrsweg über die bloße Funktion hinaus. Sie spenden Schatten und schaffen natürliche Lebensräume. Alleen geben einer Landschaft eine kulturelle und naturgemäße Qualität.

Donauwörther Promenade im Herbst und im Frühling (1-2)
Helmuth Maier, Donauwörth

Donauwörther Promenade

Die Donauwörther Promenade wurde ab 1881 von dem Verschönerungsverein auf der ersten, 1877 aufgelassenen Bahntrasse der Linie Augsburg-Nürnberg angelegt. Sie ergänzte die bestehende Anlage entlang der Stadtmauer und reicht vom Krebskeller bis zum Eisenbahntunnel des früheren Bahnkörpers.

Birkenallee bei Ellgau

Die Birkenallee bei dem Gutshaus in Ellgau wurde nach dem Zweiten Weltkrieg angelegt und führt über das Kiefern-Rondell auf die Felder.

Hainbuchen-Allee Kirchheim

Der Hainbuchen-Gang in Kirchheim führt zu dem 1584/86 angelegten Schloßpark. Er bildet die älteste noch erhaltene Parkanlage in Schwaben, die zeitgleich mit dem Fuggerschloß (1578 – 1582) errichtet wurde.

Rauhenzeller Allee

Auf Initiative Immenstädter Geschäftsleute wurde 1882 – 1884 eine direkte Straßenverbindung über das Moor bei Rauhenzell nach Rettenberg geschaffen. Ein Moränenhügel bei der Goymoosmühle wurde abgegraben, das Aufschüttmaterial mit einer Schmalspurbahn herbeigeführt und zur Befestigung der ca. 1,6 km langen Wegstrecke wurden Moorbirken aus dem umliegenden Moor gepflanzt. Nachdem die Wegverbindung dem Schwerlastverkehr nicht mehr gewachsen war, wurde 1989 – 1995 eine neue Straße erbaut. Der alte Fahrweg dient heute Radfahrern, Fußgängern und dem landwirtschaftlichen Verkehr.

Birken-Allee bei Ellgau, Lkr. Augsburg
Johann Wastl, Buchloe

Rauhenzeller Allee bei Immenstadt, Lkr. Oberallgäu
Antonie Fisches, Ottobeuren

Hainbuchen-Allee im Fugger-Schloßpark, Kirchheim
Birgit Scheiba, Augsburg

Alleen

Streuobstwiesen

Bereits in den frühesten Dokumenten des Mittelalters, den Gesetzestexten der Salfranken und Baiern, werden Obstgärten mit veredelten Obstbäumen erwähnt. Der Klosterplan von St. Gallen (zwischen 816 – 830), ein Idealplan für die Anlage eines Klosters, zeigt einen eigenen Baumgarten mit Apfel, Birne, Pflaume, Spierling, Mispel, Lorbeer, Eßkastanie, Feige, Quitte, Pfirsich, Haselnuß, Mandel, Maulbeere und Walnuß. Die Verordnung Karls des Großen über die Krongüter und Reichshöfe (um 800) enthält eine Liste von 70 anzubauenden Pflanzen, mit folgenden Angaben für den Baumgarten: Äpfel, Birnen, Pfirsiche, Kirschen und Pflaumen verschiedener Art, Eberesche, Mispel, Kastanie, Quitte, Haselnuß, Mandel, Maulbeere, Lorbeere, Fichte, Feige, Walnuß. Obstgärten bilden seit dieser Zeit einen festen Bestandteil der Gartenkultur, die insbesondere in den Klöstern gepflegt wurde. Im dörflichen Bereich begegnen Obstgärten als Streuobstwiesen entweder direkt beim Hof oder am Dorfrand. Ihre Früchte bildeten einen unentbehrlichen Bestandteil der Ernährung. Ab dem 18. Jahrhundert wird der Obstbau in den deutschen Territorien durch die Anlage von Alleen entlang der Straßen, die Gründung von Obst- und Gartenbauvereinen (ab 1859 in Bayern) und landwirtschaftlichen Schulen (ab 1852 in Bayern) systematisch gefördert. Der schwäbische „Kreisverein für Bienenzucht und Obstbau" wurde 1876 von Pfarrer Simon Baumann gegründet und umfasst (Stand: 2000) 505 Ortsverbände mit 77.420 Mitgliedern.[1]

Seit den 1950er Jahren verschwanden viele Streuobstwiesen, welche das Bild der Dörfer und der Kulturlandschaft prägten, der Obstbedarf wurde anderweitig gedeckt. Idyllische Situationen mit Schafen und Kühen unter schattenspendenden Obstbäumen wurden selten.
Die Anlage von Streuobstwiesen wird heute durch den Staat gefördert, da die extensive Bewirtschaftung sie zu einem vorzüglichen Lebensraum für Tiere und Pflanzen macht. Für die Ortseingrünung und als Bindeglied zur freien Landschaft bilden sie ein wichtiges Element.

Ihr Nutzen und ihre Schönheit bereichern uns.

Streuobstwiese im Bauerngarten von Franz Epple, Türkheim
Luis Schmid, Mindelheim

Apfelbaumhochstämme unterhalb der Weißensberger Halde, Lkr. Lindau
Albert Lingens, Sigmarszell

Streuobstwiese im Bauerngarten der Familie Schmalholz, Buchloe
Günter Wastl, Buchloe

Streuobstwiesen 37

Streuobstwiese bei Bayersried, Lkr. Ostallgäu (1-4)
Gabriele Fleschhut, Kaufbeuren

Streuobstwiesen 39

Gärten auf dem Land

Die Mehrzahl aller Gärten befindet sich heute in den Vorstädten, Siedlungen und in den Dörfern. Der Wunsch nach einem Haus im Grünen steht unangefochten an der Spitze der Bauwünsche in Deutschland. Die Vielfalt der Gestaltung ist grenzenlos, weil sich die individuellen Vorstellungen hier relativ uneingeschränkt verwirklichen können. Die Kosten können gering gehalten werden, einschränkende Vorschriften gibt es wenige. Mögen die Häuser auch noch so ähnlich sein, in den Gärten werden die Unterschiede deutlich. Natürlich gibt es auch Trends und Moden.

Der Einsatz einheimischer Pflanzenarten wird heute vielfach gewünscht und entspricht der Empfehlung von Heimatfreunden. Der traditionelle Bauerngarten, eine geometrische Anlage mit Gemüse, Obst und Beeren, Blumen und Kräutern, wirkt als Vorbild in viele Gestaltungen hinein. Die strengen Rasen-Koniferen-Thujen-Gärten der 1960er und 1970er Jahre sind auf dem Rückzug. Exotisches ist beliebt, wobei man an die Gefahr durch invasive, fremde Pflanzen denken sollte. Dem Nachempfinden natürlicher Standorte im Garten, vom Steingarten bis zum Sumpf, sind kaum Grenzen gesetzt.

Des Gärtners Leid sind neben den „Unkräutern" die sogenannten „Ungeziefer" aller Art, die den Reichtum der Gärten als gedeckten Tisch verstehen. Trotz massiver gärtnerischer Gegenwehr tragen die Gärten wesentlich zur Steigerung der Artenvielfalt von Flora und Fauna in Städten und Dörfern bei.

Vielleicht das wichtigste Element der Gartenkultur heute ist das bewußte Wahrnehmen des Kreislaufes der Natur und ihrer Macht. Man merkt als Gartenfreund sehr schnell, wie man etwa vom Wetter abhängig ist, welche Pflanzen standortgerecht sind, und lernt so seine Grenzen kennen.

Jedesmal neu begrüßt man das Wachsen und Gedeihen als Geschenk, das man mitgestaltend dankbar empfängt.

Alter Bauerngarten mit Backhaus, Memmingen/Hart
Harald Farkaschovsky, Ottobeuren

Hausgarten Anna Groß, Frechenrieden-Markt Rettenbach
Max Diebolder, Frechenrieden

Wildkräuter-Hausgarten Familie Stiba, Daxberg-Erkheim, Lkr. Unterallgäu
Josef Diebolder, Frechenrieden

Bauerngarten bei Waltenhofen, Lkr. Oberallgäu
Hardy Kotzbacher, Kempten

Garten der Familie Sobek, Reimlingen, Lkr. Donau-Ries
Heinz Friedl, Reimlingen

Anwesen Spatz, Neusäß-Westheim
Annette Bartusch-Goger, Neusäß

Garten der Familie Wohlfrom, Reimlingen, Lkr. Donau-Ries
Heinz Friedl, Reimlingen

Gärten auf dem Land

Bauerngarten, Häder, Lkr. Augsburg
Bernhard Mayer, Mainz (vormals Häder)

Kapelle mit Totenbrettern am Hausgarten,
Stockensau, Lkr. Aichach-Friedberg
Wolfgang Sellmeier, Aichach

Hausgarten Familie Wiedemann, Aystetten
Georg Wiedemann, Aystetten

Nutzgarten unter einem Mast der 380 KV-Leitung
bei Klingen, Lkr. Aichach-Friedberg
Wolfgang Sellmeier, Aichach

Gärten auf dem Land

Sölde Kreisheimatstube Stoffenried

Die Sölde von Oberwiesenbach (um 1700), ein Kleinbauernhaus mit Wohnung, Stall und Scheune unter einem Dach, wurde 1980/81 nach Stoffenried versetzt und bildet mit dem Austragshäusle aus Oberraunau und dem Neher-Anwesen von 1873 das reizvolle Ensemble der 1984 eröffneten Kreisheimatstube Stoffenried.

Kreisheimatstube Stoffenried, Lkr. Günzburg
Manfred Heinrich, Bibertal

Gemüse- und Blumengarten, Harratried/Röthenbach, Lkr. Lindau (Bodensee) (1-2)
Alexander Gorlo, Röthenbach

Gärten auf dem Land

Hausgarten der Familie Halder, Buxheim
Anton Halder, Buxheim

Garten in Imberg/Sonthofen
(historische Aufnahme ca. 1936)
Willibald Rapp, Sonthofen

Bauerngarten Ottacker/Sulzberg, Lkr. Oberallgäu
Edmund Nothelfer, Kempten

Bauernhof Stuben bei Pöttmes, Lkr. Aichach-Friedberg
Martha Hofberger, Unterbernbach

44　Gärten auf dem Land

Bauerngarten
Biberbach,
Lkr. Augsburg
*Manfred Leckel,
Augsburg*

Nutzgarten, Bauernhaus Rieden bei Kaufbeuren *(1-2)*
Gabriele Fleschhut, Kaufbeuren

Gärten auf dem Land 45

Gemüsegarten Zellerberg/Rieden
Gabriele Fleschhut, Kaufbeuren

Garten Am Himmelreich, Westheim, Lkr. Augsburg
Roland Bauer, Großaitingen

Garten Kardinalstraße, Buchloe-Jengen
Manfred Deistler, Türkheim

Bauerngarten, Edenhausen bei Aichach
Konrad Mitterhuber, Aichach

46   Gärten auf dem Land

Bienenhaus bei Bayersried. Lkr. Ostallgäu (1-2)
Gabriele Fleschhut, Kaufbeuren

Bauerngarten, Nähe Bayersried
Gabriele Fleschhut, Kaufbeuren

Gärten auf dem Land

Garten Kronburger Straße, Grönenbach-Zell, Lkr. Unterallgäu
Benedikt Wöhr, Wiggensbach

Gartenbewohner: Igel
Elisabeth Fisches, Ottobeuren

Stolz der Heimgärtner: Kohlrabi
Maximilian Czysz, Friedberg

Garten Kemptener Straße,
Buchloe-Lindenberg
Manfred Deistler, Türkheim

Gewächshaus im Garten
der Familie Gruber, Bobingen
Bernd Gruber, Bobingen

Garten Blumenthalerstraße,
Klingen/Aichach
Martin Oswald, Aichach

Gärten auf dem Land 49

Gärten in der Stadt

Nach Klöstern und Schlössern begegnen – historisch betrachtet – Gärten in der Stadt. Die ältesten Nachrichten in Schwaben stammen aus dem 15. Jahrhundert. Im 16. Jahrhundert gehörte es zum Lebensstil der städtischen Führungsschichten, im Garten gesellige Unterhaltung zu pflegen. Als Sehenswürdigkeiten gerühmt wurden in Augsburg die Gärten von Raymund Fugger, Ambrosius Hoechstetter und Heinrich Herwart, wobei Italien als Vorbild benannt wird. In der Fuggerei, errichtet 1519–1523, gehört noch heute zu jedem Haus ein kleines Gärtchen.

Die großen privaten Gartengüter wurden in und vor den Städten seit der zweiten Hälfte des 19. Jahrhunderts nach und nach bebaut, erhalten blieben je nach Parzellenstruktur kleine Hausgärten. Die Enge, die hohen Mauern sowie der unmittelbare Übergang zum öffentlichen Bereich geben diesen Anlagen einen besonderen Reiz.

Jeder Baum und jede Pflanze erhalten einen besonderen Gestaltungswert, sie schaffen kleine Paradiese, die Schatten und Frische spenden. Der begrenzte Raum zwingt zu einer sorgfältigen Anlage, die sowohl für das Stadtklima als auch als Lebensraum für Tiere von großer Bedeutung ist.[1]

Die glücklichen Eigentümer dieser kleinen Anzahl von Gärten wissen um ihre Gunst und gehen liebevoll mit diesen Werten um.

Gartengrundstück der Gärtner Roßmann, Frischstraße (1-2) heute: Inverness Allee, Augsburg
Christine Roßmann, Augsburg

Hausgarten Brain (1-2)
Bianca Brain, Gersthofen

Hausgarten Wahl
Karl Wahl, Augsburg

Gärten in der Stadt 51

Garten im Gerberviertel

Mitten in der Altstadt von Nördlingen, im Gerberviertel an der Eger, hat die Familie Moser auf engstem Raum einen Stadtgarten gestaltet. Die formale Anlage mit Blumen, Stauden, Gemüse und Kräutern lädt auf der gepflasterten, mit Buchs gesäumten Fläche zum Aufenthalt ein: Eine idyllisch grüne, private Oase der Ruhe mitten in der Stadt.

Garten im Gerberviertel, Nördlingen (1-5)
Hermann Moser, Nördlingen

Gärten in der Stadt 53

Vom Schrebergarten zum Biergarten

Schrebergarten und Biergarten bilden wohl die beliebtesten Gartenanlagen. Gärten mit künstlerischer Formung, zum Teil mit ganz einfachen Mitteln, aber sprühender Phantasie gestaltet, sowie ein kleiner privater botanischer Garten runden das Bild der zahlreichen Gartensonderformen dieses Kapitels ab.

In England und Deutschland gab es Anfang des 19. Jahrhunderts Bestrebungen, Gartenland an arme Bürger zur Verfügung zu stellen. Die Kleingartenbewegung verbindet sich heute mit dem Namen des Leipziger Arztes und Lebensreformers Dr. Daniel Schreber (1808 - 1861), durch dessen Schwiegersohn ab 1864 Kinder- und Familiengärten angelegt wurden. Als soziales Element begegnen Kleingärten dann zuerst im Ruhrgebiet in Arbeitersiedlungen. 1906 entstand der Verband deutscher Arbeitergärtner, 1908 der Zentralverband deutscher Arbeiter- und Schrebergärtner. Die ersten Mietgärten in Augsburg entstanden 1914, heute gibt es im Stadtgebiet 49 Anlagen mit einer Gesamtfläche von 125 ha und 3.600 Gärten. Weitere Anlagen wurden in allen größeren Gemeinden errichtet, vor allem im Zuge der Integration der Heimatvertriebenen nach dem 2. Weltkrieg. Standen in der Anfangszeit die bessere Ernährung und Versorgung im Vordergrund, so bilden heute Lebensqualität und Freizeitkultur, der Wunsch nach einem eigenen Garten das Ziel. Die Individualität der Gestaltung kennt kaum Grenzen.

Eine süddeutsche Besonderheit sind die Biergärten. Zu den schönsten gibt es inzwischen Führer. In der Nähe der Städte sind sie im Sommer bestens besucht. Der hohe Stellenwert in der bayerischen Tradition, als geselliger Treffpunkt von Groß und Klein, hat sogar zu Sonderregelungen bei den abendlichen Öffnungszeiten geführt.

Schrebergarten in Kempten
Irma Netzer, Heimenkirc

Schrebergärten Perzheimwiese, Augsburg (1-3)
Bezirk Schwaben

54 Biergärten, Schrebergärten

Biergarten Oberschönenfeld
Manfred Leckel, Augsburg

Spiel im Garten
Bruno Rehle, Aichach

Künstlergarten in Blumenthal bei Aichach
Manfred Leckel, Augsburg

Wildnis im privaten „Botanischen Garten"
Dr. Philipp Huthmann, Erkheim-Daxberg

Biergarten beim Kloster Oberschönenfeld

Vor der 1735 erbauten Gastwirtschaft in Oberschönenfeld befinden sich alte Kastanien, die wohl in der ersten Hälfte des 19. Jahrhunderts gesetzt wurden. Der im Sommer gut besuchte Biergarten zählt zu den schönsten in ganz Schwaben.

Im Garten von Gärtner Gaissmayer
in Illertissen
Hans-Jürgen Klinger, Augsburg

Biergärten, Schrebergärten   55

Sturm „Lothar" und der Birnbaum (1–5)
Rudolf Moosmüller, Villenbach

Sturm „Lothar" und der Birnbaum

Im Dezember 1999 verwüstete der Sturm „Lothar" große Waldflächen im gesamten süddeutschen Raum, auch die Gartenanlage der Familie Moosmüller. Noch in der Zerstörung zeigt der Birnbaum seine Schönheit und regt zur naturgemäßen Erneuerung an. Mit Liebe und Sorgfalt wurde die Neuanlage geplant und ausgeführt.

Der Birnbaum

In unserem Garten, altwürdig mit Ehr,
da stand der Birnbaum, nun ist er nicht mehr.
Den Stürmen des Lebens hat lang er getrotzt,
bis dass der Wind „Lothar" es machte ihm schwer.
Er riß ihm die Seele, das Herz aus dem Leib,
er sollte sterben, trotz großer Wehr.
Man rief auf den Plan all jene, die ihn kannten,
Lieb und Trauer war die Mär.
Wir haben gekämpft, gelitten, gesehen,
dass auch er nicht ewig leben wird mehr.
So ging man ans Werk mit Säge und Axt,
es war der Birnbaum, der so schrecklich knackst.
Er hat sich gewehrt, ganz verbissen,
es hat nichts genützt, er wurde geschmissen.
Ein Trost für „ihn" und all jene,
die glauben ewig zu leben, auf dieser Bühne.

5. April 01   Rudolf Moosmüller

Elemente der Gartengestaltung

Bei der Anlage von Gärten verbinden sich Gärtner und Architekt zu einer räumlichen Gestaltung der Natur. Planzen werden architektonisch geformt, Architektur- und Einrichtungsteile werden in die Landschaft eingefügt. Das wichtigste Element der Ordnung sind die Wege, die gliedern, trennen und verbinden. Die Modellierung des Grundstücks ermöglicht verschiedenartige Räume. Durch die Form und Anlage der Beete, der Beziehung von Freiflächen, Bäumen und Sträuchern, erhält jeder Garten sein individuelles Gepräge.

Zäune werden zu einem kunstvollen, schmückenden Element, vom einfachen Staketenzaun bis zum kunsthandwerklichen Ziergitter. Mauern als Begrenzung oder Element der Terrassierung werden durch die sorgfältige Fügung von Natursteinen zu kleinen Kunstwerken und können sich zugleich zu artenreichen Biotopen entwickeln. Wie sich Blumen und Gräser in die Steinfugen hineinkrallen, läßt nur staunen. Bänke, Brunnen, Kunstwerke und Pavillons bilden markante Blick- und gestalterische Höhepunkte in einer Anlage und sind natürlich der Stolz der Besitzer. Selbst ein Baumhaus kann zur Gartenplastik geformt werden.

„Kein Ort im Garten ist so lebendig wie der Teich. Kein Ort ist aber auch so beruhigend: An einem schönen Sommertag dem Flug der Libellen zuzusehen oder dem vielfältigem Leben im Wasser kann einen weit entrücken vom Stress des Alltags".[1]

Oft sind es nicht die großen Gärten, sondern die kleinen, liebevoll gehegten Nischen, die zum Verweilen einladen und uns beglücken.

Rosenbogen und Gartentor, Färbergäßchen, Dillingen
Bernhard Fichtinger, Dillingen

Gartenteich, Germeringer Straße, Mauerstetten, Lkr. Ostallgäu
Roswitha Martin-Wiedemann, Mauerstetten

Gartenteich, Färbergäßchen, Dillingen
Bernhard Fichtner, Dillingen

Gartenteich, Färbergäßchen, Dillingen (1-2)
Alexander Fichtner, Dillingen

Gartenteich, Eichenweg, Rammingen, Lkr. Unterallgäu
Irmgard Leinsle, Rammingen

Hausgarten der Familie Becker, Stetten bei Mindelheim
Josef Diebolder, Frechenrieden

Gartengestaltung 59

Brunnen am Bourges-Platz, Augsburg
Angelika Blümner, Augsburg

Brunnen im Botanischen Garten, Augsburg
Wilhelm Dörsch, Augsburg

Brunnenbeet im Garten des Altenheims „Schlössle", Stadtbergen
Helga Bubmann, Stadtbergen

Blumenweg und Treppe im Garten von Viktoria Wagner, Holzheim (1-2)
Karl Aumiller, Dillingen

Gartengestaltung

Naturnahe Hangbefestigung, Neuburg/Kammel (1-2)
Dieter Jehle, Neuburg/Kammel

Vorgarten in Nattenhausen, Lkr. Günzburg
Barbara Lindner, Breitenthal

Gartengestaltung 61

Natursteinmauer, Hinterreute bei Oberstaufen (1–2)
Maria Hertlein, Oberstaufen

Natursteinmauer, Harburg
Thomas Hörger, Harburg

62   Gartengestaltung

Steingarten und Trockenmauer zur Befestigung des
Hanges, Bodelsberg, Lkr. Oberallgäu (1-2)
Maria Bader, Bodelsberg

Steintreppe, Augsburg
Alfred Neff, Augsburg

Kloster und Pfarrgärten

(1) Zit. n. Hans-Dieter Stoffler, Der Hortulus des Walahfrid Strabo. Aus dem Kräutergarten des Klosters Reichenau, Sigmaringen 1996, S. 151. Siehe Konrad Hecht, Der St. Galler Klosterplan, Wiesbaden 1997; Günther Franz, Geschichte des deutschen Gartenbaues, Stuttgart 1984, S. 69-80.

Schlossgärten und historische Gartenanlagen

(1) „Kurzweil viel ohn' Maß und Ziel". Augsburger Patrizier und ihre Feste zwischen Mittelalter und Neuzeit (Ausstellungskatalog), München 1994; Paul von Stetten, Kunst-, Gewerb- und Handwerksgeschichte der Reichs-Stadt Augsburg, 2 Bde., Augsburg 1779/1788; Gabriele von Trauchburg, Häuser und Gärten Augsburger Patrizier, München/Berlin 2001.
(2) Norbert Lieb, Die Fugger und die Kunst im Zeitalter der hohen Renaissance, München 1958; Ernst Striebel, Geschichte des Marktes Kirchheim und seiner Ortsteile, Kirchheim/Schwaben 1990.
(3) Joseph Furttenbach, Architectura recreationis, Augsburg 1640 (Nachdruck Berlin 1988); Max Stemshorn (Hg.), Der Kunst-Garten. Gartenentwürfe von Joseph Furttenbach 1591-1667, Ulm 1999.
(4) Von Trauchburg, S. 124.
(5) Martin Stankowski, „Tempora mutantur ..." – Gedanken zur Entwicklung der Lindauer Villen im 19. Jahrhundert, in: Jahrbuch der bayerischen Denkmalpflege 38 (1984), S. 144-160; Marigret Brass-Kästl, Der Garten als Kunstwerk. Friedrich Gruber, Der Lindenhofpark und sein Schöpfer Maximilian Friedrich Weyhe, Lindau 1992 (Neujahrsblatt des Museumsvereins Lindau, Nr. 32); Christoph Hölz, Der „Lindenhof" in Lindau/ Bodensee. Villa und Park, München/Berlin o.J. (DKV-Kunstführer Nr. 571/9).
(6) Renate Kastorff-Viehmann, Harry Maasz, Gartenarchitekt, Gartenschriftsteller, Gartenpoet. Gärten in Lübeck (Ausstellungskatalog), Lübeck 1998; Harry Maasz, Kleine und große Gärten. Aus der Werkstatt eines Gartengestalters, Frankfurt/Oder 1926.
(7) Werner Rehle, Die Parkanlage von Gut Schwaighof (Faltblatt).
(8) Marlene Heichele, Gartenkunst im Ries. Die Gärten der Fürsten zu Oettingen, Nördlingen 1987 (Schriftenreihe der Arbeitsgruppe Heimatliteratur im Verein Rieser Kulturtage e.V. Nr. 10).

Parkanlagen

(1) Stephan Leppert, Landschaftsgestaltung mit langem Atem, in: Garten + Landschaft, 11/2000, S. 30-33.
(2) Kurt R. Schmidt, Das „Augsburger Kräutergärtlein". Ein beliebter Ort in der Stadt, in: Stadt und Grün 9 (1995), S. 604-609.
(3) Richard Keller, Christian Seiffert, Kurt R. Schmidt, Augsburger Gartenpraxis, Augsburg 1985; Kurt R. Schmidt, Botanischer Garten Augsburg 1936-1996. Grün im Lebensraum der Stadt, in: 150 Jahre Naturwissenschaftlicher Verein für Schwaben, Augsburg 1996, S. 75-80.

Streuobstwiesen

(1) Die Landwirtschaft in Bayern. Denkschrift, München 1890; Alois Wegmann, 125 Jahre Verband für Gartenbau in Schwaben (1876-2001), Edelshausen 2001.

Gärten in der Stadt

(1) Siehe am Beispiel Augsburgs: Augsburger ökologische Schriften: Heft 1: Biotopkartierung Augsburgs, Augsburg 1988; Heft 3: Bäume im Lebensraum der Stadt, Augsburg 1993.

Elemente der Gartengestaltung

(1) Andreas Honegger, Das Wasser bringt Leben in den Garten, in: Neue Zürcher Zeitung, Nr. 94 vom 24.4.2001, S. B 3